Trautes Heim, Glück allein!

Martin Reiter

Trautes Heim, Glück allein!

Alte Sprichwörter, Weisheiten und Zitate

Weltbild

Bildnachweis: Archiv Martin Reiter

www.weltbild.at

Sonderausgabe für Weltbild Verlag GmbH, Salzburg

Einbandgestaltung: Beatrice Schmucker, Augsburg
Foto Titelseite: © Thinkstock
Gesamtherstellung: CPI Moravia Books s.r.o., Pohorelice

ISBN 978-3-903159-22-8

2019 2018 2017 2016

Die letzte Jahreszahl gibt die aktuelle Lizenzausgabe an.

Haussprüche

Trautes Heim,
Glück allein!

Haussprüche und Hausinschriften findet man an Gebäudefassaden angebracht. Damit macht der Bauherr bzw. Hausbesitzer seine Lebenseinstellung kund. Haussprüche kommen überwiegend im deutschsprachigen Raum bei historischen Gebäuden in Form von Bibelsprüchen, Segenswünschen, Mahnworten oder Neidaussagen vor. Man findet sie allerorts, von den Alpen bis hinauf in den Norden, aufgemalt, geschnitzt oder manchmal sogar eingebrannt. Häufig ist der Sinnspruch dekorativ an der Hauswand, über einem Fenster oder auf einem Holzbalken über dem Eingang.

Gebäude mit Inschriften zu schmücken war schon bei den Germanen und Römern üblich. Sie stellten mit Weihesprüchen ihren Besitz unter den Schutz der Götter. Diese Tradition gab es später während des frühen Mittelalters im deutschen Sprachraum bei der Entstehung von Städten. An Kirchen und öffentlichen Gebäuden wurden Inschriften in lateinischer Sprache angebracht, die jedoch nur eine Minderheit verstehen konnte.

Mit dem ausgehenden Mittelalter entstand schließlich eine eigene Hausinschriftenkultur. Ab dieser Zeit wurden die Inschriften in deutsch geschrieben. Deshalb sind sie heute noch gut lesbar und verständlich, da die Sprüche auch schon seit dem 16. Jahrhundert in der noch heute üblichen Lateinischen Schrift geschrieben wurden. Ihre Blütezeit erlebten die Haussprüche vom 16. bis 19. Jahrhundert. Haussprüche waren somit fast ein halbes Jahrtausend lang ein Brauch, dem sich kaum ein Hausbauer entziehen konnte.

Haussprüche hatten eindeutig dekorativen Charakter, da sie fast immer an einer von der Straße gut sichtbaren Stelle der Hausfassade angebracht wurden. Absicht war es, den Betrachter zum Lesen zu bewegen und über den Spruch nachzudenken. Ein versteckter Zweck bestand auch darin, das Wohngebäude und dessen Erbauer oder Besitzer zu würdigen. Oft wurden die Namen des Hauserbauers und seiner Ehefrau sowie das Baujahr genannt.

Der Hausspruch war aber vor allem ein persönliches Bekenntnis, bei dem der Verfasser anderen seine Lebensdevise und seine Lebenserfahrung mitteilte.

Inhalte von Haussprüchen sind religiöse Aussagen und Bibelsprüche, Bausprüche, Weisheits- und Moralsprüche, Segens- und Schutzbitten, Mahnworte und Neidsprüche.

In Haussprüchen fanden auch besondere Ereignisse, wie Kriege, Hungers-

nöte, Überschwemmungen, Brandkatastrophen und Seuchen, ihren Niederschlag. Es überwiegen jedoch die Sprüche mit religiösem Charakter, die eine tiefe Gläubigkeit und Gottergebenheit der Bewohner ausdrücken. Bei heutigen Restaurierungen von alten Gebäuden werden die früheren Haussprüche meist wieder hergestellt und farblich ausgemalt. Ein Teil des Spruchgutes kann als Zeitdokument gewertet werden, während andere zeitlos sind, da ihr Inhalt allgemein menschliche Werte vermittelt. Fleiß, Ehrlichkeit, Treue, Freundschaft, Genügsamkeit usw. werden durch eine lange Reihe von Sprüchen als lebensnotwendige Verhaltensregeln angepriesen.
Daraus ergeben sich Grundsätze, die für die Sicherstellung des einzelnen und auch für den Bestand der Gesellschaft notwendig waren und sind, und für jung und alt eine Schule des Lebens, der Erfahrung darstellen.

Ein Haus zu bauen braucht Geschick,
Ein Haus zu haben ist ein Glück,
Drinn glücklich leben – Meisterstück.

***

Ich hab gebaut nach meinem Sinn,
Wer sehen will, kommt näher hin,
Dem es nicht gefällt,
der bau für sein Geld,
wie es ihm gefällt.

***

Wird mir mein Schwiegervater Geld
vorstrecken, werd ich das Haus mit
Ziegeln decken.

***

Bauen ist eine schöne Kunst,
aber was es hat gekost,
hab ich nicht gewusst.
Vivat. Der Wirt soll leben!

Siebzig Jahr alt, sprich drei minder,
Gründete für Kindeskinder
Dieses Haus Johannes Binder.

***

Dieses Haus ist mein und doch nicht mein. Der nach mir kommt, dem wird es sein. Dem Dritten wird es übergeben, es kostet ihm sein eigen Leben. Den Vierten trägt man auch hinaus, nun ist die Frage: Wem war das Haus?

***

Mit Weisheit wird das Haus gebaut
Und mit Verstand erhalten.

***

Lust und Lieb zu einem Ding
Machst Müh und Arbeit gering.

***

Göttlicher Haussegen.
Wo Glaube, da Liebe,
Wo Liebe, da Friede,
Wo Friede, da Segen,
Wo Segen, da Gott,
Wo Gott,
keine Noth.

Mein Kapital ist Arbeit bloß,
Das leg ich in der Erde Schoß
Auf hohe Zinsen nieder.
Und diese gibt mir allemal
Die Zinsen samt dem Kapital
Vielhundertfältig wieder.

***

Ehrlich sein trägt wenig ein.
Trägt ehrlich sein gleich wenig ein,
So will ich dennoch ehrlich sein.
Johann Ehrlich, 1824

***

Dornen und Disteln stechen sehr,
Falsche Zungen noch viel mehr ...

***

Sieh auf dich und nicht auf mich,
wo ich fehle, bessere dich. Es leben
gute Freunde, der Teufel hol die Feinde.

Ich liebe die Gerechtigkeit,
Und halte nichts vom Prahlen,
Wem ich als Freund nicht gut genug,
Der lass sich einen malen.

***

Wenn Neid und Mißgunst
brennt wie Feuer,
so wär das Holz nicht halb so teuer.

***

Spricht jemand schlecht von dir,
so sei es ihm erlaubt,
Du aber lebe so,
dass keiner es ihm glaubt.

***

Wenn ich am Morgen früh aufsteh
Und munter an die Arbeit geh,
Sing ich ein Lied, was mir bekannt:
„Ich lobe mir den Bauernstand."

Kummer, Sorgen, Angst und Not,
Krankheit und zuletzt der Tod.

***

Es tuen manche für mich sorgen
und haben mir nicht zu leihen noch
zu borgen. Ein jeder sorg für sich
und nicht für mich,
hat er viel, so hüt er sich.

***

Der Segen des Herrn machet reich
ohne Mühe und Arbeit.

***

Gott bewahre dieses Haus und alle,
die da gehen ein und aus.

***

Ich baue nicht aus Lust und Pracht,
Die Not hat mich dazu gebracht.

Es ist nichts so schön gemacht,
So kommt doch einer, der's veracht'.

***

Wer Gott vertraut, hat wohl gebaut im
Himmel und auf Erden.

***

Vom Grunde bis zum Firste steht
Das neue Haus nun wie ihr seht
Der Maurer und der Zimmermann
mit Stolz es nun betrachten kann.

Im rechten Winkel und im Lot
Steht Mauer, Balken, Wand & Schlot
Und selbst das Dach ist so gefügt,
dass es dem Schönheitssinn genügt.

Dem Bauherrn werde Glück und Heil
Mit Frau und Kindern stets zuteil
Gesundheit, Heiterkeit und Frieden
Sei ihnen immerdar beschieden.

Das eigene Heim,
es ist vollendet,
behüt es euch Gott,
der Gutes sendet,
vor jedem Schaden,
allem Ungemach
vom tiefen Keller
bis zum hohen Dach.
Wir wünschen es sehr,
so soll es sein:
Hier ziehen mit euch
Glück und Frieden ein!

***

Ich wünsch viel Glück und Frieden
in eurer neuen Häuslichkeit,
dazu sei Wohlstand euch beschieden,
kurzum – nichts als Zufriedenheit!

***

Unser Haus und unser Land,
schirm' es Gott mit starker Hand.

Dieses Haus steh in Gottes Hand.
Herr bewahr es vor Feuer und Brand,
und alle, die gehen aus und ein,
lass dir, o Herr, befohlen sein.

***

In jedes Haus wo Liebe wohnt
da scheint hinein auch
Sonn und Mond
und ist es noch so ärmlich klein
es kommt der Frühling doch hinein.

***

Wenn dieses Haus so lang nur steht,
bis aller Neid und Hass vergeht,
dann bleibt's fürwahr so lange stehen,
bis die Welt wird untergehen.

***

Grüß Gott! Tritt ein,
bring Glück herein!

Haussegen

Gott beschütze dieses Haus!
Glück hinein, Unglück hinaus!
Jedem, der vorübergeht,
das Haus zur Einkehr offen steht;
und wer drinnen,
bleibe frisch und gesund
und stets gesegnet
viel Tag und Stund!
Sankt Florian beschütz' euch all,
das Korn im Kasten,
das Vieh im Stall.
Die scheckigen Küh',
die braunen Kalbn,
die treibt feinlustig auf die Alm;
dort oben gibt es grüne Wasen,
tun Küh' und Kalben friedlich grasen!
Ich ruf an den heiligen Erhardi,
den heiligen Patrizi und Medardi,
und ich lad' sie ein ins neue Haus
und Maria, Mutter Gottes auch;
und die Heiligste Dreifaltigkeit
zum Schutz und Segen in Ewigkeit!

Ernsthaft streben, heiter leben,
vieles schauen, weniger trauen,
heimattreu im Herzen, tapfer und still,
dann mag kommen, was da will.

***

Schaue vorwärts – nicht zurück,
neuer Mut ist Lebensglück.

***

Das schönste Wappen in der Welt,
das ist der Pflug im Ackerfeld.

***

Mein Haus ist meine Welt.
Grüß Gott! Wem's drinn gefällt.

***

Kein Platz ist mir so lieb und traut
als der, wo ich mein Haus erbaut.

Treu unser Herz,
frei unser Wort,
heimattreu unser Sinn,
Gott unser Hort.

***

Ich baue nicht aus Lust und Pracht,
die Not hat mich dazu gebracht.

***

Der Segen des Herrn machet reich
ohne Mühe und Arbeit.

***

Gott bewahre dieses Haus und alle,
die da gehen ein und aus.

***

Es ist nichts so schön gemacht,
so kommt doch einer, der’s veracht’.

Mein Haus
ist meine Welt,
Grüſs Gott, wem's
drin gefällt.

Wer Gott vertraut, hat wohl gebaut
im Himmel und auf Erden.

***

Wenn dieses Haus solange hält,
bis Not, Hass und Neid verfällt,
dann hält' es bis ans End' der Welt!

***

Wenn dieses Haus nur so lang steht,
Bis aller Hass und Neid vergeht,
Dann bleibt's fürwahr
so lange steh'n,
Bis dass die Welt wird untergeh'n.

***

Wann die Esel Flöten blasen
Und Schnecken springen
wie die Hasen,
Wenn mein Weib tut nimmer zanken,
Dann erst soll dieser Giebel wanken.

Mensch sei nicht so eitel,
geh nicht so hoch hinaus,
4 große und 2 kleine Bretter
sind einst dein letztes Haus.

***

Armut und Alter
Ist ein schweres Malter:
Dies Häuslein soll helfen tragen
Freie Wohnung nit versagen.

***

Bewahre uns
O Gott vor Unglück und Brand
Und segne uns mit voller Hand

***

In Gottes Namen fang ich an,
Was mir zu tun gebühret,
Mit Gott ist alles wohlgetan
Und glücklich ausgeführet.

Ach Gott von diesem Hause
doch alles Böse wende,
dagegen segne du
die Arbeit meiner Hände.
Durch Fleiß und Gottesfurcht
komme Segen hierher ein,
weil Arbeit und Gebet
muss beieinander sein.

***

Ach Herr, bewahre dieses Haus
mit allem, was gehet ein und aus.
Lass uns in Ruh und Frieden leben
und dir dafür die Ehre geben.

***

Das größte Haus ist klein,
das kleinste Haus ist weit,
wenn dort regiert der Schein
und hier Zufriedenheit.

***

Spruchtücher

Eigener Herd
ist Goldes wert.

Alte Spruchtücher mit ihren mehr oder weniger sinnreichen Spüchen – von belehrend bis lustig – sagen viel aus über die festgeschriebene Welt von anno dazumal. Man fand diese bestickten Baumwoll- und Leinentücher mit Sprüchen wie dem oben stehenden in nahezu jedem Haushalt. In Küche und Wohnzimmer, Schlafraum, Wäschekammer oder Kinderzimmer gaben sie den Bewohnern sinnige, religiöse, häufig auch moralisch belehrende Weisheiten mit auf den Weg.
Ihre Blütezeit erlebten die Spruchtücher zwischen 1870 und 1930. Vor allem in den Küchen vieler Haushalte waren sie aber noch bis in die 1950er Jahre hinein oft zu finden.

Ursprünglich von dem Bürgertum der Gründerzeit in Mode gebracht, hielten sinnreich bestickte Textilien bald auch in den kleinbürgerlichen und Arbeiter-Haushalten Einzug. Die Wand- und Überhangtücher, Decken, Servietten und Taschen schmückten das Haus und hatten den praktischen Zweck zu schützen und zu schonen. Gleichzeitig dienten die gestickten Wünsche, Lebensweisheiten, Handlungsmaximen und Sinnsprüche der Erbauung und moralischen Belehrung. So ermahnten sie Bewohner und Gäste zu einem tugendhaften Lebenswandel, zu Fleiß, Gehorsam, Ordnung und Sauberkeit, Frömmigkeit, Sittlichkeit, Sparsamkeit und Ehrlichkeit.

Einfach waren die Motive all der hübschen, heute geradezu belächelten Textilwunder, die die Mädchen und Frauen von zartester Jugend an in Zucht hielten. Man findet Blumenbuketts, Früchtegirlanden und Blattornamente, Tier- und auch manchmal Heraldik-Embleme. Etwas „frecher“ wurden die – allerdings auch einfacheren – Schontücher für die Handtuchstange in Bad und Küche. Sie weisen Kinderszenen auf, lassen eine Hausfrau mit dem Kochlöffel in der Hand vor einem putzig eingerichteten Küchenkasten sinnieren oder bringen in freier Zierornamentik Sprüche – oft in erstaunlich nachlässiger Orthographie – der Frau zur Ermahnung. So zum Beispiel:

Koch und salze mit Bedacht
Hab auf jedes Stäubchen acht.

Ob sie sich daran hielt? Das bleibt ein Geheimnis. Oder schmunzelte sie nicht manchmal über solche Altklugheit?
Doch auch die Herren der Schöpfung bekamen manchmal etwas ab, wie man auf einigen Spruchtüchern lesen kann. Von einem Mann, der sich seiner Gattin beugt, heißt es zum Beispiel:

Ich bin der Herr im Hause,
das wär gelacht,
was meine Frau sagt,
das wird gemacht.

Jedoch nicht ohne vorausgeschickt zu haben, dass sie eigentlich herzlich wenig zu sagen hat.

Wir Frauen sind der Küche Held
Wir brauchen nur vom Mann das Geld

Nur selten wurden solche Spruchtücher datiert. Bei einer ganz akkuraten Hausfrau aber war dann doch zu lesen:

Der Wäscheschrank, das glaube mir,
ist uns're Hausfrau beste Zier.
Und an dem Lein)en
kannst du schauen,
das Wesen uns'rer
deutschen Frauen.
15. September 1898

Auffallend war: fast alle Spruchtücher wiesen die Frau von damals in die Schranken, egal ob es Strick-, Häkel-, Näh- oder sogenannte Merkarbeiten waren, Mustertücher also oder Wadlstrümpfe, Kissenbezüge oder Reisetaschen, Tischdecken oder Handtuchschoner, Schrank- und Regalleisten, Klingelzüge, Taufkleider oder kostbare Bildstickereien.

Mit dem kulturellen Umbruch der 1960er Jahre verschwanden die Spruchtücher aus den Räumen. Meist nur in Bauernhäusern oder Wohnungen älterer Menschen blieben sie noch längere Zeit erhalten. Und so tauchten sie erst in den letzten Jahren bei Haushaltsauflösungen, Trödlern und Flohmärkten wieder auf. Für heutige Betrachter sind die gestickten Lebensweisheiten nicht nur hübsch anzusehen und amüsant, sie geben auch einen interessanten Einblick in das Denken sowie die Wert- und Rollenvorstellungen dieser Zeit.

Allzeit fröhlich ist gefährlich,
allzeit traurig ist beschwerlich,
allzeit glücklich ist betrüglich,
eins ums andre ist vergnüglich.

***

Das schönste auf dem Erdenrund
ist trautes Heim auf festem Grund.

***

Das schönste Glück, die größte Freud,
ist eine liebe Häuslichkeit.

***

Das Schönste im Leben,
das Gott uns kann geben:
Ein zufriedenes Heim
und drinnen glücklich sein.

***

Wer mir als Gast
besucht mein Heim,
Soll lieb mir und willkommen
sein.

Der Mensch braucht ein Plätzchen,
und wär’s noch so klein,
von dem er kann sagen:
Sieh, das ist mein.
Hier leb’ ich, hier lieb’ ich,
hier ruh’ ich mich aus.
Hier ist meine Heimat,
hier ist mein Zuhaus.

***

Der Mensch braucht zum Glück
nicht Reichtum und Pracht,
ein Stüblein voll Sonne,
wo Liebe ihm lacht.

***

Des Hauses Zier ist Reinlichkeit,
des Hauses Glück Zufriedenheit.

***

Eine Küche ohne Frau
ist eine Blume ohne Tau.

Die Liebe gleicht ’nem Suppentopf,
drinn Hammelfleisch und Knochen;
wenn du nicht stets
das Feuer schürst,
dann hört es auf zu kochen.

***

Ein eigener Herd ist Goldes wert!
Das wird so leicht gesprochen;
doch nicht der Herd, die Frau ist’s
wert, die gut darauf kann kochen.

***

Einen Pfennig zur Seite jeden Tag
spart dir im Alter manche Plag.

***

Es wird mit Recht ein guter Braten,
gerechnet zu den guten Taten.
Und dass man ihn gehörig mache,
ist weibliche Charaktersache.

Ein freundliches Heim,
ein frohes Gemüt,
zwei gleichschlagende Herzen,
und der Wohlstand erblüht.

***

Ein fröhlich Herz,
ein friedlich Haus,
macht das Glück des Lebens aus.

***

Ein Haus von Gott
dem Herrn bewacht,
ist wohlbestellt
bei Tag und Nacht.

***

Ein liebes Männlein,
ein trautes Heim,
mehr brauch ich nicht
zum Glücklichsein.

Ein liebes Weiblein,
ein schönes Heim,
mehr brauch ich nicht
zum Glücklichsein.

***

Ein Heim von Liebe
warm durchglüht,
wo makellose Treue blüht,
und Frohsinn sich zum Glück gesellt,
das ist das Schönste auf der Welt.

***

Es ist keine Villa,
es ist nur ein Haus.
Doch ich bin zufrieden
und das macht es aus.

***

Fehlt das Brot im Haus,
zieht der Friede aus.

Fleiß bringt Brot,
Faulheit Not.

***

Geh' nie im Zorn
von deines Hauses Herd.
Gar mancher ging,
der nie zurückgekehrt.

***

Göttlicher Haussegen:
Wo Glaube, da Liebe.
Wo Liebe, da Friede.
Wo Friede, da Segen.
Wo Segen, da Gott.
Wo Gott, keine Not.

***

Gott halt in Gnaden treue Wacht,
in diesem Hause Tag und Nacht.

Gott schütze mein Heim,
Gott schütze mein Haus.
Viel Glück zieh' hinein,
und keines hinaus.

***

Grüß Gott, tritt ein,
bring' Glück herein.

***

Genieße, was dir hier beschieden,
entbehre gern, was du nicht hast.
Ein jeder Stand hat seinen Frieden,
ein jeder Stand hat seine Last.

***

Hunger ist der beste Koch,
dies galt früher und gilt noch.

***

In dem ernsten Eifellande
galt die Sitte alt und gut,
dass man am Familientische
stets den selt'nen Fremdling lud.

***

Ist dein Heim auch schlicht und klein,
immer denke, es ist dein!

***

Mein größtes Glück,
meine größte Freud'
ist eine stille Häuslichkeit!

***

Ordnungssinn und Sauberkeit
sind der Küche schönstes Kleid.

***

Sich regen bringt Segen!

Sobald am Feuer steht der Topf,
schlag alles and're aus dem Kopf.
Hüte dich vor Rauch und vor Brand
Und salze alles mit Verstand!

***

Tritt ein in unser liebes Haus
und zieh die Straßenschuhe aus.

***

Was Mütterlein mir einst beschert
Halt ich in diesem Schranke wert.

***

Wenn es dem Weib
an Weisheit gebricht,
kann es doch weise schalten.
Viel erwerben kann es oft nicht,
dafür aber vieles erhalten.

***

Wer gern von anderen Böses spricht,
der sitze hier zu Tische nicht!

***

Der Sinn, das Kleid, die Wäsche rein,
So soll's bei jedem Menschen sein.

***

Dieses Haus ist sauber genug,
um gesund zu bleiben
und schmutzig genug,
um glücklich zu sein.

***

Bleib zu Haus und koch den Brei,
so kommst du nicht in Zankerei.

***

Wer einen guten Nachbarn hat,
braucht keinen Zaun.

Lass den Mut nicht sinken
Wenn der Himmel grau
Zwischen dunklen Wolken
Wird es wieder blau.

Iss, was gar ist.
Trink, was klar ist.
Sprich, was wahr ist.
Lieb, was rar ist.

***

Fünf sind geladen.
Zehn sind gekommen.
Gieß Wasser zur Suppe.
Heiß alle willkommen.

***

Das Trinken lernt der Mensch zuerst
und später erst das Essen.
Drum soll der Mensch
aus Dankbarkeit
das Trinken nicht vergessen.

***

Von Lieb allein wird niemand satt,
wohl dem, der was zu löffeln hat!

Kohlen sind ein teures Gut,
verbrauch sie nicht mit Übermut!

***

Schlaf du mein liebes herziges Kind.
Mutters Hände streicheln dich lind.
Mutters Küsse decken dich zu.
Mutters Liebe wiegt dich in Ruh.

***

Ich rate dir ins Haus
ein freundlich Weib zu führen,
so wirst du Freundlichkeit
an allen Ecken spüren.

***

Das Erste, das der Mensch
im Leben vorfindet, das Letzte,
wonach er die Hand ausstreckt,
das Kostbarste, was er im Leben
besitzt, ist die Familie.

Naht das Glück
sich deinem Haus,
fang's und halt's
und lass's nit aus!

***

Ohne Fleiß von früh bis spät
wird dir nichts geraten,
Neid sieht nur das Rosenbeet,
aber nicht den Spaten.

***

Rauhe Stöck und rauhe Stein
Werden durchs Behauen fein.

***

Sag nichts hinein,
sag nichts hinaus.
So bleibt der Friede
stets im Haus.

Salz und Brot
Leben ohne Not
Das walt Gott.

***

Schweig still, zu Hause bleib,
mit Fleiß dein Arbeit treib.

***

Schweigen, dulden, lachen,
hilft zu manchen Sachen.

***

Seine Pflichten nie versäumen,
ist mehr als große Dinge träumen.

***

Verschwiegenheit nutzt alle Zeit;
Geschwätzigkeit bringt Herzeleid.

Viel sehen, hören, wenig sagen,
ist gut und nutz in allen Tagen.

***

Was bist du in der Welt?
Ein Gast, ein Fremdling
und ein Wanderer.
Wenn du kurze Zeit
hausgehalten hast,
so erbt dein Geld
ein anderer.

***

Wassertrinken heilt den Magen,
neue Kräfte gibt das Baden.

***

Wer dir Fremdes tragt ins Haus,
Tragt auch solches von dir hinaus,
Wer dir Fehler von anderen erzählt,
Erzählt auch die deinen der Welt.

Frisches Wasser,
gibt frischen Mut.

***

Der beste Schatz für einen Mann,
ist eine Frau die kochen kann.

***

Rein die Hände, rein der Mund,
rein das Herz zu jeder Stund.

***

Über Nacht kommt
Freud und Leid,
und eh' du erwachst,
verlassen dich beid'.

***

Liebe macht zum Goldpalast
die Hütte.

Eine kluge Hausfrau kocht mit Fleiß,
des Ehegatten Lieblingsspeis'.

***

Eine gute Hausfrau wird es sein,
wenn die Küche besenrein.

***

Froh erfülle deine Pflicht.

***

Ohne Fleiß kein Preis.

***

Wo Friede und Einigkeit regiert,
da ist das ganze Haus geziert.

***

Mein Heim – mein Paradies.

A Lieb, die recht stark is,
die plaudert net gern,
wies Wasser, des tief is,
nit rauschen wirst hörn.

***

Was man in Gottes Namen tut
mit glaubensvollem Sinn und Mut,
das muss uns wohl gedeihen.

***

Begehre nie ein Glück zu groß
und nie ein Weib zu schön,
sonst könnt dir's in seinem Zorn
der Himmel zugestehn.

***

Bleibe treu
der Väter Art.
Gott segnet den,
der sie bewahrt.

Bet' und arbeit',
so hilft dir Gott allzeit.

***

Bringst du Segen ins Haus
Trägst du Segen hinaus.

***

Bringst du Sonnenschein
Komm herein.
Bringst du Sturm ins Haus,
Geh hinaus!

***

Das irdische Heim, Gott, gib mir hier,
die ewige Heimat einst bei Dir.

***

Das ist fürwahr das beste Leben,
allen Dingen ein Maß zu geben.

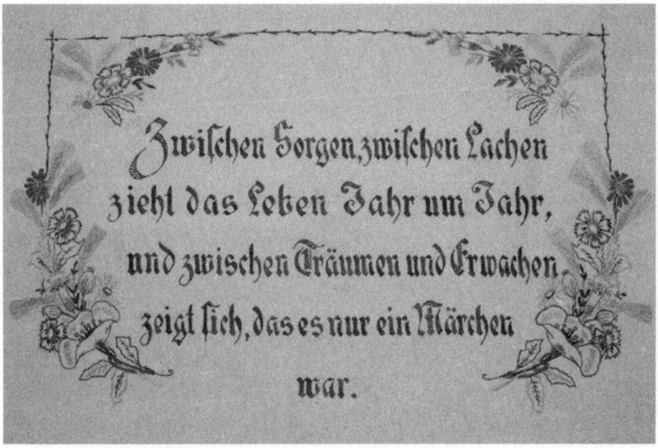
Zwischen Sorgen, zwischen Lachen
zieht das Leben Jahr um Jahr,
und zwischen Träumen und Erwachen
zeigt sich, das es nur ein Märchen
war.

Das Leben gleicht dem Kartenspiele:
Bewegt und unberechenbar,
Geleitet uns der Schicksals Wille
Durchs Leben oft ganz wunderbar.
Das Schicksal mischt und
teilt die Karten,
und jedermann erhält sein Spiel,
auf seines Lebens Wanderfahrten
kommt jeder doch einmal ans Ziel.
Der eine spielt sein Spiel verwegen,
der andere spielt es mit Bedacht,
dem einen eilt das Glück entgegen,
den andern stürzt es über Nacht.
Der eine kann die Zeit erwarten
und spielt im rechten Augenblick,
der andre prahlt mit seinen Karten
und zwingt doch niemals so das Glück.
Gar mancher glaubt, was er gewonnen,
das sei von ewigem Bestand
und morgen ist in nichts zerronnen,
was er noch heut als Glück empfand.
So schreiten wir ins Unbekannte,
der eine arm, der andre reich,
am End der große Abgesandte,
der macht uns alle wieder gleich.

Dem Ärger nicht, der Freude nur,
steht offen dieses Hauses Flur.
Drum kehre hier willkommen ein,
wer froh will und bescheiden sein.

***

Dem, den Gott liebt,
er auch ein Herz zum Danken gibt.

***

Dem Frieden und der Liebe nach
schätz ich den Gast
in meinem Gemach.

***

Dem Guten sei mein Haus ein Hort,
wer Böses will der bleibe fort.

***

Dem Menschen gibt die Häuslichkeit
Die Kraft zum Kampf in schwerer Zeit.

Demut in Freuden, Geduld in Leiden.

***

Der Augenblick, in dem du lebst,
ist dein, drum nütz' ihn aus –
und jage die Sorgen zum Herz,
zum Hause hinaus!

***

Der Bauteufel lacht,
wenn viel Schulden werd'n g'macht.

***

Der beste Rat ist in der Not:
Mensch hilf dir selbst,
so hilft auch Gott.

***

Die Frau im Haus, so selber wacht,
aus einem Pfennig zehne macht.

Der Mensch gleich einer Blumen ist,
die in der schönen Frühlingsfrist
des Morgens an der Blüte stehet,
des Abends hinfällt und vergehet.

***

Der Neider gibt es leider viel,
der Spötter auch nicht minder,
ich bau das Haus, wie ich es will,
für mich und meine Kinder.

***

Der Neid richtet gar nichts aus,
Als dass er sich frißt
und auch sein Haus.

***

Des Hauses Zier ist Reinlichkeit,
Des Hauses Ehr Gastlichkeit.
Des Hauses Glück Zufriedenheit,
Des Hauses Segen Frömmigkeit.

Die Leute sagen immer,
die Zeiten werden schlimmer.
Die Zeiten bleiben immer,
Die Leute werden schlimmer.

***

Die jetzige Stund
und das zeitliche Glück
schleichen hin in einem Augenblick.

***

Die Höhen trifft der Sturm
und trifft sie öfters gar;
ein niedrig Haus besteht,
groß Haus hat groß Gefahr.

***

Dies alles, was ich habe,
hab ich Gott von dir.
Gib, dass ich halte Haus,
wie du befohlen mir.

Dieses Heim gewähre alle Zeit,
Frieden und Geborgenheit.

***

Die Welt ist hart, der Weg voll Stoan.
Nix ändert sich gleich von alloan.
A jeder braucht das rechte Gspür,
a warmes Nest, die offne Tür.
Gach kimmt a Not,
von heut auf morgn,
oft drucken schwar die Alltagssorg'n.
Wer meistert 's Lebm
mit frischm Muat,
der steht ah grad,
wann 's sturmen tuat.
Is jeder ah für'n andern do,
's Mitanand wend't Unheil o.
Mit guatem Willn is Platz für all.
Es wärmt die Stubm a Sonnenstrahl.

***

Die Zeit teilt, heilt, eilt.

Dies Heim hab ich nit hingesetzt,
Dass jeder dran sein ’n Schnabel wetzt.
Wers tut,
dem kann ich’s wohl nit wehrn –
Die Hauptsach ist: Es steht in Ehrn!

***

Dies’ Heim ist nur ein kleiner Punkt
In Gottes weiter Welt,
Doch ist ’s ein Himmelreich,
Wenn es dein Glück enthält.

***

Die Welt ist groß, mein Heim ist klein,
Doch soll’s ein rechter Hafen sein,
Drinn ich, mein Weib und meine Kind’
Auf Erden wohl geborgen sind.

***

Draußen Friede,
drinnen Eintracht!

Eigner Rauch und Hausgemach
geht über jede andre Sach.

***

Einer acht's,
der andre belacht's,
der Dritte betracht's.
Was macht's?

***

Ein Dach überm Kopf
Und Brot im Kasten,
Im Herzen Gott,
Dann hats kein Not
Mit Sorgen und Lasten.

***

Ein Haus ohne Jugend
scheint gleichher,
als wenn im Jahr
kein Frühling wär.

Ein gut Wort und ein sanfter Regen
dringen überall durch.

***

Ein Heim von Gott
dem Herrn bewacht,
Ist wohl begründet und bedacht,
Zwei Lebensstützen brechen nie,
Gebet und Arbeit heißen sie.

***

Ein Heim,
von Liebe warm durchglüht,
wo wandellose Treue blüht,
wo Frohsinn sich zum Glück gesellt,
da ist das Schönste auf der Welt.

***

Ein Herz, das sich des Guten freut,
gibt bei der Arbeit Heiterkeit,
versüßet jede Mühe.

Wenn der Hoffnung
lezter Anker
bricht
Verzage
nicht!

Ein Mann, der muss wohnen
in ander Leut Häuser,
der ist ärmer als ein Karthäuser.

***

Eine gute Sache, frischer Mut
im Unglück fest bestehen tut.

***

Einigkeit ein festes Band,
hält zusammen Leut und Land.

***

Eintracht daheim; draußen Friede!

***

Es ist besser
auf den Herrn vertrauen,
als auf die Gunst
der Menschen schauen.

Es ist kein Häuslein,
es hat sein Kreuzlein.

***

Es ist kein Vögelein so klein,
sein eigen Nest will's haben
rein und fein.

***

Es ist nichts so schön gemacht,
So kommt doch einer, der's veracht'.

***

Es wünscht mir einer was er will,
ich gönne ihm dreimal so viel.

***

Fried und Lieb
verbind sich hier
mit getreuer Herz Begier.

Freunde in der Not,
Freunde bis in den Tod,
Freunde hinter'm Rücken,
sind drei starke Brücken.

***

Vor seiner Tür kehr jeder fein,
so wird's in der ganzen Stadt rein.

***

Geduld, Vernunft und Zeit
macht möglich die Unmöglichkeit.

***

Acht' darauf nur, wo du bist,
wann gut reden und schweigen ist.

***

Gib jedem ehrlich Tadel oder Lob,
aber gib es nicht zu grob!

Glauben, lieben, hoffen
sieht den Himmel offen.

***

Gleich wie das Gold an seinem Klang,
und der Vogel an seinem Gesang,
so auch der Mensch an seinen Worten
wird erkannt an allen Orten.

***

Gott gebe allen, die mich kennen,
zehnmal mehr, als sie mir gönnen!

***

Gott halt in Gnaden treue wacht,
in diesem Hause Tag und Nacht.

***

Gott schenke allen, die wir kennen
noch viel mehr als sie uns gönnen.

Gott lieben ist die schönste Kunst,
Die schönste Kunst auf Erden,
Wer anders liebt, der liebt umsonst
Und kann nicht selig werden.

***

Gott schütze uns vor Feuer und Wind
und vor Arbeitern die langsam sind.

***

Gottesfurcht und Redlichkeit,
Arbeit und Aufrichtigkeit
sind im Leben immer nütze
und des Hauses beste Stütze.

***

Grüß Gott, tritt ein, bring Glück herein.

***

Gute Zucht, gute Frucht.

Gute Haushaltung macht
kleines Einkommen groß.

***

Gutes ehren,
Böses wehren,
Schönes lieben,
Schweres üben!

***

Hast du dein Recht getan,
Was gehen dich der Leute Reden an?
Wer für alles gleich Dank begehrt,
Der ist selten des Dankes wert.

***

Herr! Es ist ja deine Gabe
und ein Zeichen deiner Gunst,
was in dieser Welt ich habe
Schutz bedarf
für Feuersbrunst.

Herr Gott,
dein Segen kröne dieses Haus!
Hier teile deinen Segen aus!
Hier grüne unser Lebensbaum,
Bis wir in Ewigkeit dich schaun!

***

Herr, in deinem Namen geh ich aus,
Bewahr allzeit das ganze Haus.
Meine Hausfrau und
auch die Kinder mein
Lass dir, o Gott, befohlen sein.

***

Herz zwingen, Zunge binden,
eignen Willen überwinden,
alle Ding zum Besten kehren;
die vier tun die Tugend mehren.

***

Ohne Heimat sein heißt leiden.

Hier wohnt das Glück,
nichts Böses trete ein.

***

Hin geht die Zeit,
her kommt der Tod,
Drum bleibe fromm
und fürchte Gott.

***

Holz und Stein tun's nicht allein,
auch Glück muss mit drinnen sein!

***

Ich hab mir vorgenommen,
grad durch die Welt zu kommen.

***

In Lieb und Leid ist Gott allzeit
Hilfe, Trost und Seligkeit.

Is aa mei' Häuserl kloa,
i moa:
Für mi und für mein' Schatz,
da hat's scho Platz.

***

Ist der Apfel rosenrot,
so steckt ein Würmchen drinnen,
ist das Mägdlein schön und rot,
so ist es falsch von Sinnen.

***

Je mehr Einsicht, je mehr Nachsicht.

***

Jeder Vogel hat sein Nest lieb.

***

Jugend und verlorene Zeit
kommen nicht wieder in Ewigkeit.

Zufriedenhei
im Heim,
ist des Lebens Sonnenschein

Zufriedenheit im Heim,
ist des Lebens Sonnenschein.

***

Jung gebogen, alt wohlerzogen.

***

Kehr dich nicht an jedermann,
der dir vor Augen dienen kann;
nicht alles geht von Herzensgrund,
was schön und lieblich
red't der Mund.

***

Kein größer Gemach als eigen Dach.

***

Kein größer Leid,
als das, was man
sich selbst bereit.

Klag ich dem Nachbar mein Leid,
wird es noch einmal so breit.

***

Kraft im Arm, Herz ohne Harm,
Herd traut und warm,
braucht kein Erbarm.

***

Kräfte und Krücken
kommen aus einer Hand.

***

Lass Hasser hassen
und Neider neiden,
was Gott Dir schickt
das musst Du leiden.

***

Lieber entzwei, als einmal untreu.

Mag draußen die Welt
ihr Wesen treiben,
mein Heim soll
meine Ruhstatt bleiben.

***

Mancher ist arm bei großem Gut,
und mancher ist reich bei Armut.

***

Mein Heim ist meine Welt
Grüß' Gott, wem's drinn gefällt.

***

Friede im Haus
bringt Glück voraus.

***

Flüchtig ist die Zeit
Morgen ist nicht heut.

Mensch sei nicht so eitel,
geh nicht so hoch hinaus,
4 große und 2 kleine Bretter
sind einst dein letztes Haus.

***

Mit Geben wuchert man am besten.

***

Mit Gottes Hilf und Macht
zur Notdurft, nicht zur Pracht,
hab ich dies Heim gemacht.

***

Mit Gott fang an, mit Gott hör auf,
das ist der schönste Lebenslauf.

***

Mit Gottes Hilf fang alles an,
so wird's ein guten Fortgang habn.

Mit Gott will ich in allen Sachen
Den Anfang und das Ende machen;
Wird Gott mir selber alles sein,
so stellt sich lauter Segen ein.

***

Mög' alle, die an mir vorüberschreiten,
ein guter Stern durchs Leben leiten.

***

Nach gutem Alten
Neu zu gestalten
Am schönen Neuen
Sich zu erfreuen
Wird niemand gereuen.

***

O, Herr! wende jedes Unglück ab,
von dieser Stunde bis ins Grab,
Wir bitten mit erhob'nen Händen
jedes Unglück abzuwenden.

O könnten wir doch hier auf Erden
Und auch dort im Himmelreich
An Liebe denen Engel gleich,
und lauter Seraphine werden.

***

Erlös uns einst, du guter Gott
Aus jedem Kummer jeder Not
Und nimm uns nach
vollbrachtem Lauf
In jenes bessere Leben auf.

***

Herr des Himmels und der Erd,
wollst dieses Haus beschützen,
vor Krankheit, Pestilenz,
und wilden Feuers Blitzen.

***

Recht tut, wer tut, was Lohnes wert
und doch des Lohnes nicht begehrt.

Und lasse uns dereinst,
in deinem Hause wohnen,
Bei allen deinen Heiligen,
bei Engeln und bei Frommen.

***

Sei bereit,
Glück und Leid wechseln allzeit;
aber das Leid braucht die längste Zeit.

***

Seine Pflicht zur Lust sich machen,
wer's getan, hat leichte Sachen.

***

Steh fest, mein Haus im Weltgebraus!

***

Selten verdirbt, der nach Treue wirbt.

Steter Mut und gleicher Sinn,
macht beständigen Gewinn.

***

Soll dir alles wohl gelingen,
bau auf Gott in allen Dingen.

***

Tu das deine, so tut Gott das Seine.

***

Um Glück und Segen bitt ich Dich,
Großer Gott erhöre mich,
Was Gott will, das muss geschehen,
Wenns die Leute auch nicht sehen,
Sind dagegen noch so viel,
Muss geschehen was Gott will.

***

Überfluss macht Überdruss.

Unglück ist
besser zu regieren
als Glück.

***

Unverdrossen und allgemach
verrichtet man die schwerste Sach.

***

Vertrau auf Gott,
doch auch auf deine eigne Kraft,
Gott segnet nur,
was du dir selbst geschafft.

***

Viel denken, wenig sagen,
Deine Not nicht jedem klagen,
Dich in Glück und Unglück
willig schicken,
ist eins der größten
Meisterstücken.

HUNGER IST DER BESTE KOCH

Tretet ihr ins Haus hier ein,
tragt nie Ärger mit herein.
Fordert auch von einem jeden,
er soll hier herein nur treten
mit viel Freude, Herzlichkeit
und auch mit Zufriedenheit,
mit Humor und guter Laune,
klappt so etwas, dann – man staune –
herrscht der gute Geist im Haus,
den lasst bitte nie hinaus.

***

Zum neuen Heime wünschen wir,
dass ihr glücklich und zufrieden seid.
Zu eurem Einzug haben hier
zwei Gaben wir bereit:
Das Brot, es gehe niemals aus,
und Salz, das würze jeden Schmaus,
solange ihr hier weilt
und euer Brot
mit guten Freunden teilt.
Solange ihr habt Salz und Brot
bleibt ferne von euch alle Not.

Allerlei Sinnsprüche

†

Vom Leben,
seiner Führung
und Fügung.
Von den Menschen,
ihren Schwächen
und Vorzügen.
Von den Ständen,
ihrer Last
und Rast.
Von Land und Wehr.
Von Recht und Ehr.
Von Heim und Leib.
Von Lieb und Weib.
Von Not und Tod.
Von Gott.

†

Ruf an deinen Gott, halt sein Gebot.
Sei geduldig in Not, gib Armen Brot.
Schweig, meid und leid,
frag nicht nach Neid.
Die Unzucht meid, hab acht der Zeit.
Auf Freund nicht bau, nicht allen trau.
Auf dich schau, sei nicht zu genau.
Halt dich gesund, regier deinen Mund.
Meid böse Finten, hüt dich vor Sünden. Die Alten ehr, die Jungen lehr.
Dein Haus ernähr,
des Zorns dich wehr.
Halt dich fein rein,
mach dich nicht zu g'mein.
Sei gern allein, treulich ich's mein:
Halt dich rein, acht dich klein.
Sei gern mit Gott und dir allein.

***

Ich leb und weiß nicht wie lang.
Ich sterb und weiß nicht wann.
Ich fahr und weiß nicht wohin.
Mich wundert, dass ich fröhlich bin.

Des Morgens denk an deinen Gott,
des Mittags iss vergnügt dein Brot,
des Abends denk an deinen Tod,
des Nachts verschlafe deine Not.

***

In Meinen und in Dünken
Tut manch gute Sach ertrinken.

***

Hab acht, wie groß dein Deck,
Darnach dich kehr,
leg, wend und streck.

***

Zufriedenheit ist große Kunst,
zufrieden scheinen großer Dunst.
Zufrieden werden großes Glück,
zufrieden bleiben Meisterstück.

***

Wer will in der Welt verbleiben,
der muss List mit List vertreiben.
Junges Blut, spar dein Gut!
Armut dem Alter weh tut.

***

Der Fuchs, wenn eine Predigt tut,
so acht' auf deine Gänse.

***

Dem Geld wird auf der Welt,
wie Mädeln immer nachgestellt.

***

Wo Glück und Gunst nicht will,
hilft Weisheit und Kunst nicht viel.

***

So ist die Welt eingericht't,
viel Blüt und wenig Frücht.

So viel Herren, so viel Zähren,
so viel Honig, so viel Gall,
so viel Leiden, so viel Freuden,
so ist's hier und überall.

***

Sein Ich, sein Mich, sein Mir, sein Mein,
den Menschen bringt in große Pein.

***

Das Leben tut dem Schatten gleichen,
wenn's am besten ist, tut's weichen.

***

O Zeit, o Zeit, niemand erkennt dich,
als wer dich verloren hat.

***

Nun ist die Hütte zusammengericht,
und dauert bis sie niederbricht.

Allzeit traurig ist beschwerlich,
allzeit fröhlich ist gefährlich,
allzeit glücklich ist betrüglich,
eins ums andre ist vergnüglich.

***

Nichts verkehrt die Welt so sehr,
als Weib, Wein, Schatz
und falsche Ehr.

***

Zwischen Freud und Leid
ist die Brücke nicht breit.

***

Schweig, merk und leid,
all Ding hat seine Zeit.

***

Die Jugend hört's, das Alter erfährt's.

Sei gelassen in dem Glück,
trau demselben nicht zu viel,
sonst erfährst du seine Tücke
und wirst ihm zum Spott und Spiel.

***

Wer will die Röslein riechen,
muss durch die Dornen kriechen.

***

Heute Lieb, morgen Leid,
das ist der Welt Unstetigkeit.

***

Was ist dieser?
Was ist jener?
Was ist einer?
Was ist keiner?
Schatten und Traum
Lust und Schaum,
sind wir alle und kommen zu Falle.

Alte Leute sagen mir,
die Zeiten werden schlimmer,
ich sage aber nein,
denn es trifft viel bessern ein:
Die Zeiten sind wie immer,
die Leute werden schlimmer.

***

Ich, Hans Prasser,
trink lieber Wein als Wasser,
tränk ich das Wasser
so gern wie den Wein,
könnt ich ein reicher Prasser sein.

***

Wem dieses Haus hier nicht gefällt,
der bau' ein bessres für sein Geld.

***

Wer mich lobt in Präsenz
und schielt in Absenz,
den erwürg die Pestilenz.

Ein helles Feuer ein freundlich
Gesicht
ein braves
Männlein
mehr
brauch ich nicht.

Wenn einer kommt und sagen kann;
er hab es allen recht getan,
so bitt ich diesen lieben Herren,
er wollt mich seine Kunst auch lehren.

***

Allen, die mich kennen,
geb Gott, was sie mir gönnen.

***

Wer redet, was ihn gelüstet,
muss hören, was ihn entrüstet.

***

Die Feuersbrunst hat mir mein Haus
verzehrt, jetzt hab ich eins im bessern
Wert. Zu bauen ich unvermögend war,
da half mir Gott und die gute
Menschenschar. Ich dank dem
Maurer, Zimmer- und Bauersmann,
und allen, die mir Gut's getan.

Wer eine reine Jungfrau will finden,
muss bei Tag ein Licht anzünden.

***

Wenn ein jeder das Gemein'
lässt sein höchste Sorge sein,
wird der Segen wohl genähret,
alles mit Gott und Ehr gemehret.

***

Wenn es einen Glauben gibt,
der Berge versetzen kann, so ist es
der Glaube an die eigene Kraft.

***

Pfarrer: Ich mit meiner Lehr,
viel Leut zu Gott bekehr.
König: Ich hab mit meiner Macht,
viel Leut unter mich gebracht.
Bauer: Wenn ich und Gott nichts tät,
ihr beide nichts zu essen hätt't.

Die Welt ist jetzt so aufgeklärt,
drum hängt der Stiefel umgekehrt.
Gott geb's, dass die Zeiten
besser werden,
dann ist der Absatz
wieder auf Erden.

***

Wer haben will ein wohlhabend Haus,
lass Schreiber, Soldaten
und Fresser daraus.

***

Ohne Fleiß ist nichts getan,
das saget dir der Bauersmann.

***

Bauen ist eine schöne Lust,
was es mich kost', ist mir bewusst.

***

Der Jurist mit seinem Buch,
der Kaufmann mit seinem Gesuch,
und was unter der Frauen Fürtuch,
dieselben drei Geschirr,
machen die Welt irr.

***

Behüt uns Gott vor teuren Zeiten,
vor Maurern und vor Zimmerleuten,
vor Advokat und Pfändungsg'sind,
vor allem was den Bauern schwind't.
Vor Hagel, Wasser- und Feuersg'fahr,
behüt, o Herr, uns immerdar,
und gib uns unser täglich Brot,
dann singen wir:
Gelobt sei Gott!

***

Wenn Neid und Hass
brennten wie das Feuer,
so wären die Kohlen
nicht halb so teuer.

Christenpflicht und Bürgerpflicht,
eine stör die andre nicht,
Bürger und Bauern,
scheidet nichts als die Mauern.

***

Lieber Gast komm geschwind herein,
hast du Geld, ich hab den Wein,
hast du keines,
kannst du drüben einkehren,
da ist ein Brunnen mit zwei Röhren.

***

Winket dir der Wein im Becher,
greife zu und trinke frisch,
aber nicht mit jedem Zecher,
setze dich an einen Tisch.

***

Gott lieben macht selig,
Wein trinken macht fröhlich,

so liebe Gott und trinke Wein.
dann kannst du selig fröhlich sein.

***

Die Musik allein
die Tränen abwischet,
die Herzen erfrischet,
wenn sonst nichts hilflich will sein.

***

Gute Künste soll man
loben und ehr'n,
sie sind eine Gabe
von Gott dem Herrn.
Im Wasser kannst du
dein Antlitz sehn,
im Wein der andern Herzen erspähn.

***

Faust gegen Faust und Wort gegen
Wort, Wiedergeltigen ist auch ein Ort.

Oft muss ein kluger Mann nicht
sagen, was er sieht,
muss schlafen wie ein Leu,
der schweren Atem zieht.

***

Wer sich nicht kann wehren,
wird sich nicht lang nähren.

***

Wer zürnt ohne Macht,
des Zorn wird verlacht.

***

Die Freundschaft und die Einigkeit,
bringt Glück und Segen allezeit.

***

O Gott, hilf uns mit deiner Hand,
erhalte uns das Vaterland.

Wer sich wehrt,
behält sein Pferd.

***

Wer nicht vor Tyrannen bebt,
frank und frei auf Erden lebt,
Ehr hält mehr als Leben wert,
dem allein gebührt dies Schwert.

***

Ehre kannst du nirgends borgen,
dafür musst du selber sorgen.
Wer entbehrt der Ehr,
dem fehlt die beste Wehr.

***

Alles was du tust, nimm wohl in acht,
vor allen Dingen das End betracht.
Und trau auf Gott,
die Gerechtigkeit lieb,
dass dich die Streng hier nie betrüb.

Mein Schiff der Redlichkeit
stößt allenthalben an,
weil es nicht nach dem Wind
der Falschheit segeln kann.

***

Gut verloren, unverdorben,
Mut verloren, halb verdorben,
Ehr verloren, ganz verdorben.

***

Aller Menschen Sinn und Mut
geht auf Ehre, Geld und Gut.
Und wenn sie's haben und erwerben,
dann legen sie sich hin und sterben.

***

Der nächste im Blut,
der erste am Gut.

***

Der
beste Schatz für einen Mann
ist eine Frau die kochen kann

Gleiches Recht teil männiglich,
nicht nach Gunst das Urteil sprich:
Wo du hältst unrecht Gericht,
wird dir's g'wiss Gott schenken nicht.

***

Die Gerechtigkeit ist fein,
wenn sie gibt jedem das Sein.
Er sei jung, alt, arm, reich,
sie urteil jeden gleich.

***

Gewalt wird nicht alt.

***

Bei Gott kann mit der Zeit
kein Frevel straflos bleiben,
sowohl an dem der's leid't,
als denen, die es treiben.

***

Durch Gerechtigkeit
muss das Land bestehn,
durch Unrecht muss es ganz vergehn.

***

Wenn ein Kind das andere wiegt,
das dritte an der Brust noch liegt,
und das vierte ist unterwegen,
das ist Gottes Hilf und Segen.

***

Gott behüt dies Haus so lang,
bis ein Schneck die Welt ausgang,
und ein Ameis dürst so sehr,
bis sie austrinkt das ganze Meer.

***

Ohne Feuer nur roh,
ohne Leiden nicht froh.

***

Bitter im Mund,
im Magen gesund.

***

Bergauf sachte,
bergab achte,
gradaus trachte.

***

Des Glücks ich wart
nach meiner Art.

***

Der Mann soll zu allen Tagen
im Haus die Hosen tragen.

***

Der Ahnl hat mich tauft,
sein Enkel hat mich g'kauft,
zu End wird um mich g'rauft.

Iss warm, trink kalt,
so wirst du 100 Jahre alt.

***

Der Herr muss selber sein der Knecht,
will er im Hause finden Recht.
Die Frau muss selber sein die Magd,
will sie im Hause schaffen Rat.

***

Wenn ich tausend Ochsen hätt'
und ein schönes Weib im Bett,
brauchte keine Steuern zu geben,
dann wollt ich ohne Sorgen leben.

***

Wasserkrug macht alt und klug.

***

Herz sucht Herz allwärts.

Wenn Lieb bei Lieb ist,
so weiß Lieb nicht, was Lieb ist.
Wenn aber Lieb von Lieb kommen ist,
so weiß erst Lieb, was Lieb gewesen ist.

***

Ohne Frauen und Wind,
wäre die Lust stets lind.

***

Wer dich kost mehr als gepflogen,
der will dich betrügen
oder hat dich betrogen.

***

Dies Haus baut' ich
für mich und dich,
bin ich nicht mehr,
so denk an mich.

***

Die Lieb ist süß,
bis ihr wachsen Händ und Füß.

***

Zwar der Tod sucht alte Greisen,
aber Junge trifft er oft,
denn es ruft sein langes Eisen,
auch einen unverhofft.

***

Seid wachsam und bereit
als Kranke und als G'sunde,
weil ihr nicht wisst den Tag
und auch nicht wisst die Stunde.

***

Der Tod ist blind, sieht doch all' an,
er schießt gewiss, trifft jedermann.
Herr, Knecht, Frau, Magd,
Reich, Arm, Jung, Alt,
wie, wann, wo und wer ihm gfallt.

Der Tod sein Pfeil abschießen will,
Gott geb, dass er verfehl sein Ziel.

***

Das Beste ist wohl in der Welt,
dass Tod und Teufel nimmt kein Geld,
sonst müsste mancher arme Gsell,
für einen Reichen in die Höll.

***

Gott gibt mehr an einem Tag,
als ein ganz Königreich vermag.

***

Lass uns, o Gott, in Frieden leben,
du allein vermagst
uns Glück zu geben.

***

Gott verletzet und ersetzet.

O Gott, wie groß sind deine Werke,
durch deine Allmacht,
Kraft und Stärke.

***

O Gott, lass du in diesem Haus
Glück und Segen nicht weichen aus.

***

Gott verbindet, sucht und findet.

***

All unser Tun ist eitel Spott,
Sünd, Gift, Jammer, Angst und Not.

***

Wer Jesum Christum recht erkennt,
hat seine Zeit wohl angewend't.

***

All Kunst und Witz ist eitel Staub,
die höchste Weisheit ist:
an Christus glaub.

***

Man muss tun wie man's kann,
nicht wie man's mag.

***

Wie man sich bettet, so liegt man.

***

Eigener Herd ist Goldes wert.

***

Ein gutes Ross zieht zweimal.

***

Gut Ding braucht Weil.

Rein die Hände rein der Mund
rein das Herz zu jeder Stund

Ohne Müh' gibt Gott
weder Schaf noch Küh.

***

Wenn man den Esel nennt,
kommt er g'rennt.

***

Dank – g'hört unter die Bank.

***

Den Feierabend muss man
am Morgen suchen.

***

Wer schimpft, der kauft.

***

Frauenlist – nicht zu ergründen ist.

Deutsche Sprichwörter

Nach dem Sprach- und Literaturwissenschaftler Wolfgang Mieder ist ein Sprichwort ein „allgemein bekannter, festgeprägter Satz, der eine Lebensregel oder Weisheit in prägnanter, kurzer Form ausdrückt“. Der Ursprung vieler Sprichwörter ist in der Bibel sowie bei lateinischen Autoren zu finden, die oft durch Martin Luthers Übersetzung Eingang in die deutsche Sprache fanden.

Viele körnige Sätze aus der Literatur wurden zu Sprichwörtern, ohne dass man ihre Herkunft noch weiß. So stammt das Sprichwort „Die Axt im Haus erspart den Zimmermann“ zum Beispiel von Friedrich Schiller. Viele Sprichwörter sind im Laufe der Zeit verändert, vermischt und oft auch inhaltlich weiterentwickelt worden.

Der Reformator Johannes Agricola fertigte eine illustrierte Sammlung deutscher Sprichwörter an, von der 1582 eine Ausgabe mit 750 Sprüchen bei Hans Kraffts Erben in Wittenberg erschien. Der Originaltitel lautet: „Sibenhundert und funfftzig Deutscher Sprüchwörter“.

Die umfangreichste deutsche Sprichwortsammlung des 16. und 17. Jahrhunderts von Friedrich Peters vereint alphabetisch 20.000 Einträge aus mündlich überliefertem Material, älteren Sammlungen und Dichtungen.

Viele Sprichwörter sprechen eine Sozialkritik an, wie z. B. „Als Adam grub, und Eva spann, wo war denn da der Edelmann?“

Auch Religionskritik ist oft zu finden, so beispielsweise das bei Bauern bekannte Sprichwort: „Der beste Patron ist der Tierarzt.“ Oder einfache Haushaltsregeln wie „Ein gebranntes Kind scheut das Feuer“ und Vorurteile „Was der

Mann mit dem Wagen einfährt, trägt die Frau mit der Schürze hinaus."

Ein Sprichwort hat die Form einer festen und unveränderlichen Formulierung. Darin unterscheidet es sich von der Redewendung. Beispiele: „Hunger ist der beste Koch." – „Wer lang hustet, wird alt." – „Wo ein Wille ist, ist auch ein Weg." Oft werden Sprichwörter durch Stab-, End- oder Binnenreim noch besonders gestärkt: „Glück und Glas – wie leicht bricht das." – „Was ich nicht weiß, macht mich nicht heiß." – „Geteiltes Leid ist halbes Leid." – „Was du heute kannst besorgen, das verschiebe nicht auf morgen."

Und schließlich findet man noch die generalisierende Form, wenn es heißt: „Jeder kehre vor seiner eigenen Tür!", „Man soll ...", „Man muss ..." oder „Man darf ...". Es drückt in der Regel einen allgemein gültigen Satz aus, der entweder eine Erfahrung des täglichen Lebens („Neue Besen kehren gut."); ein

Urteil oder eine Meinung („Lieber den Spatz in der Hand als die Taube auf dem Dach.“); eine Warnung („Verliebe dich oft, verlobe dich selten, heirate nie!“); eine Vorschrift oder Klugheitsregel („Vorgetan und nachbedacht hat manchem schon groß Leid gebracht.“) enthält.

Die Abgrenzung vom Sprichwort zum Zitat und zum geflügelten Wort ist nicht immer eindeutig. Zitate sind zunächst einmal individuelle Erfindungen, die aber sprichwörtlich werden können. Bei immer mehr geflügelten Worten geht das Bewusstsein über die Herkunft des Zitats verloren. Das gilt besonders für viele aus der Bibel stammende Wendungen.

Auch manche Buch- und Filmtitel haben mittlerweile schon sprichwörtlichen Charakter angenommen. Sogar abgekürzte Refrains aus Volksliedern oder Schlagern werden zu Sprichwörtern.

Alle Sünden in eine münden.

***

Alle Wege führen nach Rom.

***

Aller Anfang ist schwer.

***

Aller guten Dinge sind drei.

***

Alles Gute kommt von oben.

***

Alles hat ein Ende,
nur die Wurst hat zwei.

***

Alles neu macht der Mai.

***

Alte Füchse gehen schwer in die Falle.

***

Alte Leute, alte Ränke -
junge Füchse, neue Schwänke.

***

Alte Liebe rostet nicht.

***

Alte Liebe welket nicht,
auch wenn es dir
das Herze bricht.

***

Alter geht vor Schönheit.

Alter schützt vor der Liebe nicht,
aber Liebe vor dem Altern.

***

Alter schützt vor Torheit nicht.

***

Am Abend wird der Faule fleißig.

***

Am Anfang hieß es: Lebe lang!
Das Ende klang wie Grabgesang.

***

Amtleute geben dem Herrn ein Ei
und nehmen dem Bauern zwei.

***

Andre Leut' sind auch Leut.

Andre Mütter haben auch
schöne Töchter.

***

Anfangen ist leicht,
beharren eine Kunst.

***

Angst verleiht Flügel.

***

Arbeit adelt.

***

Arbeit bringt Brot,
Faulenzen Hungersnot.

***

Arbeit zieht Arbeit nach sich.

Grüſs
GOTT
Tritt ein,
bring Glück herein.

Arbeit, Müßigkeit und Ruh,
schließt dem Arzt die Türe zu.

***

Ärgere dich nicht,
dass die Rosen Dornen haben,
sondern freu' dich,
dass die Dornen Rosen haben.

***

Armut ist aller Künste Stiefmutter.

***

Armut schändet nicht.

***

Auch auf dem höchsten Thron
sitzt man auf dem eigenen Hintern.

***

Auch der Tüchtige braucht Glück.

***

Auch ein blindes Huhn
findet mal ein Korn.

***

Auch für einen starken Stier
findet man Menschen,
die ihm den Hals umdrehen.

***

Auch Rom wurde nicht
an einem Tag gebaut.

***

Auch Wasser wird zum edlen Tropfen,
mischt man es mit Malz und Hopfen!

***

Auch wenn die Zeiten hart sind,
das Volk ist immer härter.

***

Auf alten Pfannen lernt man kochen.

***

Auf der Kanzel ist der Mönch keusch.

***

Auf einem Bein
kann man nicht stehen.

***

Auf einen schiefen Topf
gehört ein schiefer Deckel.

***

Auf einen Weisen kommen 1000 Narren.

Auf jeden Regen
folgt auch Sonnenschein.

***

Auf seinem Misthaufen
ist der Hahn König.

***

Auge um Auge, Zahn um Zahn.

***

Aus dem Esel macht man kein
Reitpferd; man mag ihn zäumen,
wie man will.

***

Aus dem Stein der Weisen
macht ein Dummer Schotter.

***

Aus einer Igelhaut
macht man kein Brusttuch.

***

Aus fremder Leute Leder
ist trefflich Riemen schneiden.

***

Aus Schaden wird man klug.

***

Aus ungelegten Eiern
schlüpfen keine Hühner.

***

Aushorcher und Angeber
sind Teufels Netzeweber.

***

Außen hui und innen pfui.

***

Bäume wachsen
nicht in den Himmel.

***

Begabung verpflichtet.

***

Bei Wölfen und Eulen
lernt man heulen.

***

Beinahe ist noch lange nicht halb.

***

Beiß nicht in die Hand,
die dich füttert.

Bellende Hunde beißen nicht!

***

Bescheidenheit ist eine Zier.

***

Besser den Spatz in der Hand,
als die Taube auf dem Dach.

***

Besser eigenes Brot
als fremder Braten.

***

Besser ein Ende mit Schrecken,
als Schrecken ohne Ende.

***

Besser einäugig als blind.

Besser schnell gestorben
als langsam verdorben.

***

Besser spät als nie.

***

Beten ist kein Katzengeschrei.

***

Beten und Düngen
sind kein Aberglaube.

***

Betrug ist der Krämer Acker und Pflug.

***

Betrunkene und Kinder
sagen die Wahrheit.

Betrunkene und Kinder
schützt der liebe Gott.

***

Bettler und Krämer
sind nie vom Wege ab.

***

Blinder Eifer schadet nur!

***

Blut ist dicker als Wasser.

***

Borgen bringt Sorgen.

***

Braune Augen sind gefährlich,
aber in der Liebe ehrlich.

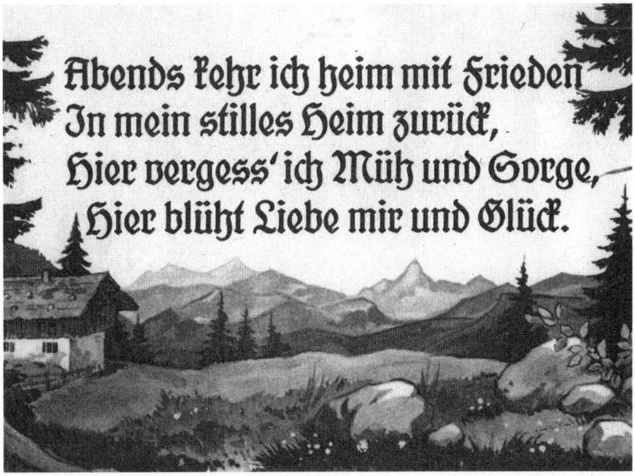
Abends kehr ich heim mit Frieden
In mein stilles Heim zurück,
Hier vergess' ich Müh und Sorge,
Hier blüht Liebe mir und Glück.

Da beißt die Maus keinen Faden ab.

***

Da liegt der Hase im Pfeffer.

***

Da liegt der Hund begraben.

***

Dankbarkeit kostet nichts
und tut Gott und Menschen wohl.

***

Dankbarkeit und Weizen
gedeihen nur auf gutem Boden.

***

Das Auge ist ein Fenster
in die Seele.

Denken soll man den Pferden überlassen, die haben den größeren Kopf.

***

Das Ei will klüger sein als die Henne.

***

Das Gerücht ist immer größer
als die Wahrheit.

***

Das Hemd ist mir näher als der Rock.

***

Das letzte Hemd hat keine Taschen.

***

Das Rad, das am lautesten quietscht,
bekommt das meiste Fett.

Das Schicksal bestimmt dein Leben.

***

Das schlägt dem Fass den Boden aus.

***

Dem Betrübten ist übel geigen.

***

Dem Gesunden fehlt viel,
dem Kranken nur eins.

***

Dem Glücklichen
schlägt keine Stunde.

***

Dem Hahn, der zu früh kräht,
dreht man den Hals um.

Demut, diese schöne Tugend,
ehrt das Alter und die Jugend.

***

Den Seinen gibt's der Herr im Schlaf.

***

Der Alten Rat, der Jungen Tat,
macht Krummes grad.

***

Der Angler wartet Stunden,
der Narr ein Leben.

***

Der Apfel fällt nicht weit vom Stamm.

***

Der Appetit kommt beim Essen.

Der Argwohn isst mit dem Teufel
aus der gleichen Schüssel.

***

Der Arzt ist ein Wegweiser
ins Himmelreich.

***

Der beste Arzt ist jederzeit
des eigenen Menschen Mässigkeit.

***

Der beste Prediger ist die Zeit.

***

Der Bettler schlägt kein Almosen aus,
der Hund keine Bratwurst,
der Krämer keine Lüge.

***

Der Dreck geht vor dem Besen.

***

Der dümmste Bauer erntet
die dicksten Kartoffeln.

***

Der Esel nennt sich immer zuerst.

***

Der Faule wird erst abends fleißig.

***

Der Fisch stinkt vom Kopf her.

***

Der Frosch springt immer
in den Pfuhl
und säß' er auch auf gold'nem Stuhl.

Der frühe Vogel fängt den Wurm.

***

Der Gesunde weiß nicht,
wie reich er ist.

***

Der Glaube kann Berge versetzen.

***

Der Hals verschlingt all’s.

***

Der Hunger kommt beim Essen.

***

Der Klügere gibt nach.

***

Der Knochen kommt nicht zum Hund,
sondern der Hund zum Knochen.

***

Der kommt nimmer in den Wald,
der jeden Strauch fürchtet.

***

Der Krug geht so lange zum Brunnen
bis er bricht.

***

Der Lauscher an der Wand
hört nur die eigene Schand'.

***

Der liebe Gott
hat uns die Zeit geschenkt,
aber von Eile
hat er nichts gesagt.

Der Mensch denkt, Gott lenkt.

***

Der Mensch lebt nicht vom Brot allein.

***

Der Neider sieht nur das Beet,
aber den Spaten sieht er nicht.

***

Der Reiter duldet Kalt und Nass,
der Schreiber lobt sein Tintenfass.

***

Der Schuster hat (oder trägt)
die schlechtesten Schuhe.

***

Der Teufel ist ein Eichhörnchen.

Der Teufel macht nur dorthin,
wo schon gedüngt ist.

***

Der Weg zur Hölle ist mit guten
Vorsätzen gepflastert.

***

Der Wunsch ist der Vater
des Gedanken.

***

Des einen Leid
ist des anderen Freud'.

***

Des Teufels liebstes Möbelstück
ist die lange Bank.

***

Die Absicht ist die Seele der Tat.

***

Die Ameise hält das Johannis-
würmchen für ein großes Licht.

***

Die Axt im Hause
erspart den Zimmermann.

***

Die Bibel lässt sich nicht auspredigen.

***

Die Bohne fällt nicht weit vom Strauch.

***

Die dümmsten Bauern ernten
die dicksten Kartoffeln.

Die Frau ist des Mannes Visitenkarte.

***

Die Gans lehrt den Schwan singen.

***

Die Gesunden und die Kranken
haben ungleiche Gedanken.

***

Die Hälfte seines Lebens,
wartet der Soldat vergebens.

***

Die Hoffnung stirbt zuletzt.

***

Die Lage ist ernst,
aber nicht hoffnungslos.

Die Letzten werden die Ersten sein!

***

Die Suppe wird nicht so heiß
gegessen, wie sie gekocht wird.

***

Die Wahrheit liegt in der Mitte.

***

Die Zeit heilt alle Wunden.

***

Die Zeit ist der beste Arzt.

***

Doppelt genäht hält besser.

***

Draußen ein Luchs,
daheim ein Maulwurf.

***

Du bist nur einmal jung.

***

Du sollst den Tag nicht
vor dem Abend loben.

***

Dummheit ist immer Natur,
Klugheit ein Kunstprodukt.

***

Dummheit und Stolz
wachsen auf demselben Holz.

***

Dürftigkeit mit frohem Mut,
das ist Reichtum ohne Gut.

***

Ehrlich währt am längsten.

***

Eifersucht ist eine Leidenschaft,
die mit Eifer sucht, was Leiden schafft.

***

Eigenlob stinkt, Freundes Lob hinkt,
fremdes Lob klingt.

***

Eile mit Weile.

***

Ein Brand alleine brennt nicht lange.

Ein gebranntes Kind
scheut das Feuer.

***

Ein jeder ist
seines Glückes Schmied.

***

Ein jeder kehre
vor seiner eigenen Tür.

***

Ein Lächeln ist die
schönste Sprache der Welt.

***

Ein Mensch ohne Bildung
ist ein Spiegel ohne Politur.

***

Ein Narr fragt mehr, als zehn Weise
beantworten können.

***

Ein reines Gewissen
ist ein sanftes Ruhekissen.

***

Ein Satz mit x –
das war wohl nix.

***

Ein schlafender Fuchs
fängt kein Huhn.

***

Ein Spatz in der Hand ist besser
als die Taube auf dem Dach.

***

Ein Streichholz bricht,
dreißig aber nicht.

***

Ein treuer Hund, ein braves Pferd
sind mehr als tausend
Frauen/Männer wert.

***

Ein Unglück kommt selten allein.

***

Ein voller Bauch
studiert nicht gern.

***

Eine große Kuh bringt selten
mehr denn ein Kalb,
eine kleine Meise brütet auf einmal
wohl zehn Junge aus.

Eine Hand wäscht die andere.

***

Eine Krähe hackt der anderen
kein Auge aus.

***

Eine Schwalbe macht
noch keinen Sommer.

***

Einem geschenkten Gaul
schaut man nicht ins Maul.

***

Einem nackten Mann
kann man nicht
in die Taschen greifen.

***

Fünf sind geladen
Zehn sind gekommen
Giess Wasser zur Suppe
Heiss alle willkommen!

Einen alten Baum
verpflanzt man nicht.

***

Einer trage des anderen Last.

***

Einer, der schreit,
hat schon verloren.

***

Einmal findet jeder seinen Meister.

***

Einmal ist keinmal.

***

Einsicht ist der erste Weg
zur Besserung.

Ende gut, alles gut.

***

Erst die Arbeit, dann das Vergnügen.

***

Erst kommt das Fressen,
dann die Moral.

***

Erst schmeicheln, dann kratzen,
das schickt sich nur für Katzen.

***

Es gibt nichts Gutes,
außer man tut es.

***

Es hat nicht sollen sein.

Es ist leichter sich zu entschuldigen, als vorher um Erlaubnis zu fragen.

***

Es ist nicht alles Gold, was glänzt.

***

Es ist nicht gut, wenn die Bänke auf den Tisch hüpfen wollen.

***

Es fällt kein Meister vom Himmel.

***

Es kommt alles wie es kommen soll.

***

Es lässt sich gut gackern, wenn anderer Leute Hühner die Eier legen.

Es wird nichts so heiß gegessen,
wie es gekocht wird.

***

Essen und Trinken
hält Leib und Seele zusammen.

***

Fast richtig ist ganz verkehrt.

***

Faulheit denkt scharf.

***

Faulheit ist die Triebfeder
des Fortschritts.

***

Faulheit lohnt mit Armut.

Fehlt es am Wind, greife zum Ruder.

***

Feigheit ist manchmal
ein Zeichen von Klugheit.

***

Feuer und Wasser sind zwei gute
Diener, aber schlimme Herren.

***

Fliegen und Freunde
kommen im Sommer.

***

Frechheit siegt.

***

Frisch gewagt ist halb gewonnen.

Früh gefreit, schnell gereut.

***

Früh übt sich,
was ein Meister werden will.

***

Frühe Zucht bringt gute Frucht.

***

Fünf Minuten vor der Zeit,
ist des Soldaten Pünktlichkeit.

***

Für jede Dummheit findet sich einer,
der sie macht.

***

Geben ist seliger denn nehmen.

Geflickte Freundschaft
wird selten wieder ganz.

***

Gegen Dummheit
ist kein Kraut gewachsen.

***

Gegen Dummheit kämpfen
selbst Götter vergebens.

***

Gegensätze
ziehen sich an.

***

Gehe nicht zu deinem Fürst,
wenn du nicht gerufen wirst.

***

Geiz ist die größte Armut.

***

Geld allein macht nicht glücklich.

***

Geld regiert die Welt.

***

Geld stinkt nicht.

***

Gelegenheit macht Diebe.

***

Gemein Gerücht
ist selten erlogen.

***

Gerste und Malz,
Gott erhalt's.

***

Geschehene Dinge
haben keine Umkehr.

***

Geschmierte halten sich
gern für Gesalbte.

***

Geteilte Freude ist doppelte Freude.

***

Geteiltes Leid ist halbes Leid.

***

Getroffene Hunde bellen.

Gib den kleinen Finger,
und man nimmt die ganze Hand.

***

Gibst du mir, so geb' ich dir.

***

Gleich und gleich gesellt sich gern.

***

Gleich Vieh leckt sich gern.

***

Glück und Glas –
wie leicht bricht das.

***

Glücklich ist, wer vergisst,
was nicht mehr zu ändern ist.

Gott hält die Bäume auf,
bevor sie in den Himmel wachsen.

***

Gott lässt genesen,
der Arzt kassiert die Spesen.

***

Gottes Mühlen mahlen langsam,
aber trefflich fein.

***

Gottes Wege sind unergründlich.

***

Graue Köpfe
und blonde Gedanken
passen nicht zusammen.

***

Gut Ding will Weile haben.

***

Gut gekaut ist halb verdaut.

***

Gut lernen oder lesen
macht gute Noten.

***

Gut Pferd, das nie stolpert,
gut Weib, das nie holpert.

***

Guter Jurist,
schlechter Christ.

***

Guter Rat ist teuer.

Handwerk hat goldenen Boden.

***

Harte Schale – weicher Kern.

***

Hast du kein Pferd,
so nimm den Esel.

***

Hast du nichts Gutes zu sagen,
sage lieber gar nichts!

***

Haste was, dann biste was.

***

Hätte, Wenn und Aber,
alles nur Gelaber.

Heiliger St. Florian, verschon' mein
Haus, zünd' andre an!

***

Heim und Herd sind Goldes Wert!

***

Heiter kommt weiter.

***

Hilf dir selbst, so hilft dir Gott.

***

Hinterher ist man immer klüger.

***

Hochmut kommt vor dem Fall.

***

Hoffen und Harren
hält manchen zum Narren.

***

Hoffnung ist die Wiese,
auf der die Narren grasen.

***

Hunde, die bellen, beißen nicht.

***

Ich tue als ein guter Christ
nicht mehr,
als mir befohlen ist.

***

Im Becher ersaufen mehr Leute
als im Bach.

***

Im Dunkeln ist gut munkeln,
aber nicht gut Flöhe fangen.

***

Im Leben kommt alles, wie es vom
Schicksal bestimmt ist.

***

Im Sturm tut es jeder Hafen.

***

Immer bleibt der Affe ein Affe –
werd' er selbst König oder Pfaffe.

***

In der aller größten Not
schmeckt der Käs'
auch ohne Brot.

***

In der geballten Faust
sind alle Finger gleich.

***

In der Kürze liegt die Würze.

***

In der Liebe und im Krieg
ist alles erlaubt.

***

In der Nacht sind alle Katzen grau.

***

In der Not frisst der Teufel Fliegen.

***

In der Not isst der Bauer
die Wurst auch ohne Brot.

In der Ruhe liegt die Kraft.

***

In Gefahr und größter Not
ist der Mittelweg der Tod.

***

In Häusern, wo Bildung herrscht und
Sitte, da gehen die Frauen zuerst,
die Männer folgen ihrem Schritte.

***

Irren ist menschlich.

***

Ist das Kind erst in den Brunnen
gefallen und ertrunken, ist es zu spät,
um diesen oben abzudecken.

***

Ist die Katze aus dem Haus,
tanzen die Mäuse auf dem Tisch.

***

Jammern füllt keine Kammern.

***

Je älter der Bock,
desto steifer das Horn.

***

Je mehr Gesetz, je weniger Recht.

***

Je näher dem Feind,
desto näher dem Boden!

***

Jede Münze hat zwei Seiten.

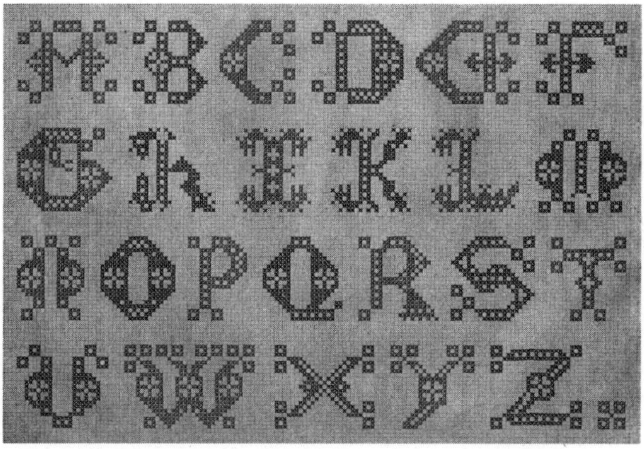

Je später der Abend,
desto netter die Gäste.

***

Jedem Tierchen
sein Pläsierchen.

***

Jeder ist seines Glückes Schmied.

***

Jeder kehrt vor seiner eigenen Tür.

***

Jeder Topf hat einen Deckel.

***

Jedes Ämtlein
hat auch sein Schlämplein.

Jedes Böhnchen gibt ein Tönchen.

***

Jedes Ding hat zwei Seiten.

***

Jedes Ding ist,
wie einer es achtet.

***

Jedes Handwerk
verlangt seinen Meister.

***

Jugend kennt keine Tugend.

***

Jung gefreit,
früh/spät bereut.

Kannst du was, dann bist du was.

***

Kapital hat keine Moral.

***

Kein Rauch ohne Feuer.

***

Keine Kette ist stärker
als ihr schwächstes Glied.

***

Keiner ist zu klein,
ein Meister zu sein.

***

Kinder und Narren
sagen immer die Wahrheit.

Kindermund tut Wahrheit kund.

***

Klage ist des Händlers Gruß.

***

Klappern gehört zum Handwerk.

***

Kleider machen Leute.

***

Klein, aber fein.

***

Kleine Kinder spielen gern,
große noch viel lieber.

***

Kleine Kinder, kleine Sorgen.
Große Kinder, große Sorgen!

***

Kleine Sünden bestraft Gott sofort.

***

Kleinvieh macht auch Mist.

***

Klug wird man nur aus Erfahrung.

***

Knapp daneben ist auch vorbei.

***

Kommt Zeit, kommt Rat.

***

Kopf kalt und Fuß warm,
macht den Doktor arm.

***

Kurz gefreut, lang gereut.

***

Lächeln ist die kürzeste Verbindung
zwischen zwei Menschen.

***

Lachen ist die beste Medizin.

***

Lachen ist eine Brücke.

***

Lange Rede,
kurzer Sinn.

Langes Fädchen, faules Mädchen.

***

Lass die Leute reden,
sie reden über jeden.

***

Leben und leben lassen.

***

Lebendige Beispiele
erklären tote Regeln.

***

Leere Wagen klappern am meisten.

***

Lehrers Kinder, Pfarrers Vieh,
gedeihen selten oder nie.

Lehrjahre sind keine Herrenjahre.

***

Lerne Ordnung, liebe sie.
Sie erspart dir Zeit und Müh'.

***

Liebe geht durch den Magen.

***

Liebe macht blind.

***

Liebe vergeht,
Hektar besteht.

***

Lieber ein Ende mit Schrecken
als ein Schrecken ohne Ende!

Lügen haben kurze Beine.

***

Man beißt nicht die Hand,
die einen füttert.

***

Man glaubt einem Auge mehr
als zwei Ohren.

***

Man kann des Guten nie zuviel tun.

***

Man kann einer Laus
nicht mehr nehmen als das Leben.

***

Man muss Feste feiern, wie sie fallen.

Man muss das Pferd
und nicht den Reiter zäumen.

***

Man muss die Menschen so nehmen,
wie sie sind, und nicht,
wie sie sein müssten.

***

Man muss die Suppe auslöffeln,
die man sich eingebrockt hat.

***

Man muss nicht mehr schlachten,
als man salzen kann.

***

Man muss nichts – außer sterben.

***

Man soll das Eisen schmieden,
solange es heiß ist.

***

Man soll das Fell des Bären
nicht verteilen, bevor er erlegt ist.

***

Man soll den Tag nicht
vor dem Abend loben.

***

Man soll die Nacht nicht
vor dem Morgen loben.

***

Man wird alt wie ein Haus
und lernt nie aus.

***

Man wird zu schnell alt
und zu spät gescheit.

***

Mancher entfleucht dem Falken
und wird vom Sperber gehalten.

***

Mancher reist gesund ins Bad
und kommt zurück malad.

***

Messer, Gabel, Schere, Licht,
sind für kleine Kinder nicht.

***

Mit den Lahmen lernt man hinken,
mit den Säufern trinken.

***

Mit Geduld und Spucke
fängt man eine Mucke.

***

Mit Gewalt lupft man eine Geiß hintenrum, falls der Wedel nicht bricht.

***

Mit Speck fängt man Mäuse.

***

Mitgegangen – mitgefangen

***

Morgen, morgen, nur nicht heute,
sagen alle faulen Leute.

***

Morgenstund hat Gold im Mund.

Müßiggang ist aller Laster Anfang.

***

Nach dem Essen sollst du ruh'n
oder tausend Schritte tun.

***

Nach dem Rathaus ist man schlauer.

***

Nach den Flitterwochen
kommen die Zitterwochen.

***

Nach jedem Bergauf
kommt auch ein Bergab.

***

Nadel ohne Spitz ist nicht viel nütz.

Narrenhände beschmieren
Tisch und Wände.

***

Neid ist die ehrlichste Form
der Anerkennung.

***

Neid und Mißgunst sind die höchsten
Formen der Anerkennung.

***

Neue Besen kehren gut.

***

Nicht für die Schule,
sondern für das Leben
lernen wir.

***

Nicht lang schnaken,
Kopf in' Nacken.

***

Nicht wieder tun ist die beste Buße.

***

Nichts wird so heiß gegessen,
wie es gekocht wird.

***

Niemand kann mir verbieten,
über Nacht klüger zu werden.

***

Nobel geht die Welt zu Grunde.

***

Not macht erfinderisch.

Nur wer gegen den Strom schwimmt,
kommt an die Quelle.

***

Offen gesagt, viel gewagt!

***

Ohne Fleiß kein Preis!

***

Ordnung ist das halbe Leben.

***

Pack schlägt sich,
Pack verträgt sich.

***

Pech im Spiel,
Glück in der Liebe.

Pferde lassen sich zum Wasser bringen, aber nicht zum Trinken zwingen.

***

Probieren geht über studieren!

***

Quäle nie ein Tier zum Scherz,
denn es fühlt wie du den Schmerz.

***

Reden ist Silber, Schweigen ist Gold.

***

Reichtum protzt, Armut duckt sich.

***

Reisen ist kein' Schand,
zu Wasser und zu Land.

Reisende soll man nicht aufhalten.

***

Rom wurde auch nicht
an einem Tag erbaut.

***

Rostige Dächer
haben meist feuchte Keller.

***

Rotes Haar und Erlenhecken
wachsen nicht
auf guten Flecken.

***

Sage mir, mit wem Du umgehst,
und ich sage Dir, was Du bist.

***

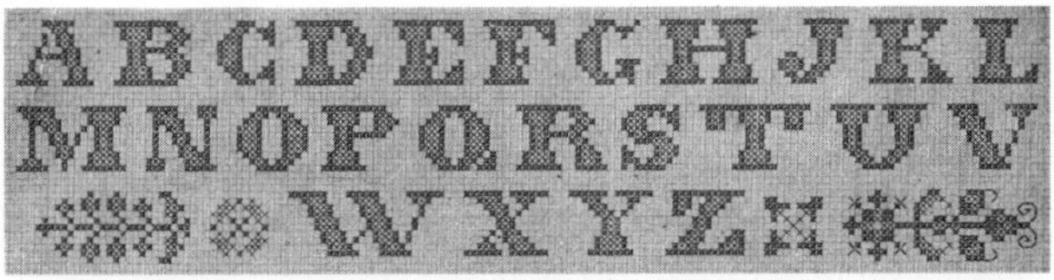
A B C D E F G H J K L
M N O P Q R S T U V
W X Y Z

A B C D E F G H
I K L M N O P Q
R S T U V W X
Y II III IV. V. VI X L C D M. Z

Säge nicht an dem Ast,
auf dem du sitzt.

***

Sage nicht immer, was du weißt,
aber wisse immer, was du sagst.

***

Schaden, Sorge, Klage
wachsen alle Tage.

***

Scherben bringen Glück.

***

Schlaf ist die beste Medizin.

***

Schlechten Leuten geht's immer gut.

Schlechter Umgang
verdirbt gute Sitten.

***

Schuster, bleib bei deinen Leisten.

***

Selbst die größten Könige
gehen zu Fuß aufs Klo.

***

Selbst ist der Mann!
(Selbst ist die Frau!)

Selbsterkenntnis ist der erste Schritt
auf dem Weg zur Besserung.

***

Sich selbst zu besiegen
ist der schönste Sieg.

So gern wir alle würden alt,
wenn's erst kommt,
ist's jedem zu bald.

***

Spinne am Mittag – Glück am Dritttag.

***

Spinne am Morgen
bringt Kummer und Sorgen.

***

Steter Tropfen höhlt den Stein.

***

Stille Wasser sind tief.

***

Totgesagte leben länger.

Trau, schau, wem!

***

Träume sind Schäume

***

Trocken Brot macht Wangen rot.

***

Über vergossene Milch
soll man nicht jammern.

***

Über verschüttete Milch
lohnt sich nicht zu weinen.

***

Über'm vollen Bauch
lächelt ein fröhliches Haupt.

Übermut tut selten gut.

***

Übung macht den Meister.

***

Umsonst ist nicht einmal der Tod,
er kostet das Leben.

***

Undank ist der Welt(en) Lohn.

***

Ungerecht geht die Welt zu Grunde.

***

Unkraut vergeht nicht.

***

Unrecht Gut gedeihet nicht.

***

Uns ist beschieden dies und das:
Der eine sitzt trocken,
der andere nass.

***

Unter Blinden ist der Einäugige König.

***

Unter jedem Dach ein Ach.

***

Unverhofft kommt oft.

***

Vergesslichkeit und Faulheit
sind Geschwisterkinder.

Versprechen und nicht halten,
tun die Jungen und die Alten.

***

Vertrau auf Jesus in allen Dingen,
dann wird dir alles wohl gelingen!

***

Viel Feind,
viel Ehr'.

***

Viel hilft viel.

***

Viel Lärm um nichts.

***

Viele Köche verderben den Brei.

Viele Wege führen nach Rom.

***

Voller Bauch studiert nicht gern.

***

Vom Danke kann man
keine Katze füttern.

***

Vom Wiegen wird die Sau nicht fett.

***

Von den Worten zu den Taten
ist es ein weiter Weg.

***

Von der Wiege bis zur Bahre, feste
Gewohnheiten sind das einzig Wahre.

Vorfreude ist die schönste Freude!

***

Vorsicht ist die Mutter
der Porzellankiste.

***

Wahltag ist Zahltag.

***

Wahrer Adel liegt im Gemüte
und nicht im Geblüte!

***

Warte nie bis du Zeit hast!

***

Was dem einen seine Eule,
ist dem anderen seine Nachtigall.

Was der Bauer nicht kennt,
das isst er nicht.

***

Was dich nicht umbringt,
macht dich stark.

***

Was du heute kannst besorgen,
das verschiebe nicht auf morgen.

***

Was du nicht willst, dass man dir tu',
das füg' auch keinem andern zu.

***

Was Gicht und Alter hat getan, das
sieht der Mensch als Besserung an.

***

Was Hänschen nicht lernt,
lernt Hans nimmermehr.

***

Was juckt es die stolze Eiche,
wenn sich der Eber an ihr reibt?

***

Was lange währt,
wird endlich gut.

***

Was man erheiratet,
muss man nicht erarbeiten.

***

Was man nicht im Kopf hat,
muss man in den Beinen haben.

***

Was nicht blüht, das körnert nicht.

***

Was nicht passt,
wird passend gemacht.

***

Was sich neckt, das liebt sich.

***

Was übrig lässt Christus,
das holt der Fiskus.

***

Wasser hat keine Balken.

***

Wem die Jacke passt,
der mag sie anziehen.

Wem Gott gibt ein Amt,
dem gibt er auch Verstand.

***

Wem's nicht geht
nach seinem Willen,
den stechen leicht die Grillen.

***

Weniger ist mehr!

***

Wenn das Arbeiten nur leicht wär,
tät's der Bürgermeister selber.

***

Wenn das Wörtchen wenn nicht wär',
wär' ich längst schon Millionär.

***

Wenn der Berg
nicht zum Propheten kommt,
muss der Prophet
zum Berge gehen.

***

Wenn der Kuchen spricht,
schweigen die Krümel.

***

Wenn die Katze aus dem Haus ist,
tanzen die Mäuse auf dem Tisch.

***

Wenn die Laus einmal im Pelze sitzt,
ist sie schwer herauszubringen.

***

Wenn du einen Freund brauchst,
kaufe dir einen Hund.

Wenn es am besten schmeckt,
soll man aufhören.

***

Wenn es dem Esel zu wohl wird,
geht er auf das Eis tanzen.

***

Wenn man auch schief sitzt,
so muss man doch gerade sprechen.

***

Wenn man unter Wölfen ist,
muss man mit ihnen heulen.

***

Wenn man vom Esel tratscht,
kommt er gelatscht.

***

Wenn man den Teufel nennt,
dann kommt er gerennt.

***

Wenn zwei sich streiten,
freut sich der Dritte.

***

Wer A sagt,
muss auch B sagen.

***

Wer am Fluss baut,
muss mit nassen Füßen rechnen.

***

Wer an die Liebe seiner Erben glaubt,
dem ist aller Witz beraubt.

***

Wer anderen eine Grube gräbt
fällt selbst hinein.

***

Wer bei den Frauen
keine Gunst hat,
kann sich leicht
der Keuschheit rühmen.

***

Wer borgt ohne Bürgen und Pfand,
dem sitzt ein Wurm im Verstand.

***

Wer sich den Mund verbrannt hat,
bläst die Suppe.

***

Wer dem Pferd seinen Willen lässt,
den wirft es aus dem Sattel.

Wer den Flüssen wehren will,
der muss die Quellen verstopfen.

***

Wer den Pfennig nicht ehrt,
ist des Talers nicht wert.

***

Wer den Schaden hat,
braucht für den Spott nicht zu sorgen.

***

Wer die Wahl hat,
hat die Qual.

***

Wer dir lange droht,
macht dich nimmer tot.

***

Wer einen will zur Ader lassen,
muss ihn auch verbinden können.

***

Wer einmal lügt,
dem glaubt man nicht,
und wenn er auch
die Wahrheit spricht.

***

Wer entbehrt der Ehe,
lebt weder wohl noch wehe.

***

Wer fleißig dient und treu hält aus,
der baut sich dereinst
sein eigen Haus.

***

Wer flüstert, der lügt.

Wer gackert, muss auch ein Ei legen.

***

Wer Grillen jagt, wird Grillen fangen.

***

Wer gut schmiert, der gut fährt,
so hat der Ratsherr es gelehrt.

***

Wer im Glashaus sitzt,
sollte nicht mit Steinen werfen.

***

Wer ins Feuer bläst,
dem stieben die Funken in die Augen.

***

Wer leiht, reißt sich den Bart aus.

Wer mit dem Teufel frühstücken will,
muss einen langen Löffel haben.

***

Wer mit den Hunden
zu Bett geht,
steht mit Flöhen auf.

***

Wer mit jungen Pferden pflügt,
der macht krumme Furchen.

***

Wer morgens pfeift,
den holt abends die Katze.

***

Wer nach dem Himmel speit,
dem fällt der Speichel
in den eigenen Bart.

Wer nicht anfängt, wird nicht fertig.

***

Wer nicht kommt zur rechten Zeit,
der muss seh'n, was übrig bleibt.

***

Wer nicht liebt Wein, Weib, Gesang,
der bleibt ein Narr sein Leben lang.

***

Wer nicht wagt, der nicht gewinnt.

***

Wer nicht will, der hat schon.

***

Wer nie sein Brot im Bette aß,
weiß nicht, wie Krümel piken.

Wer niemals anfängt, wird auch nie etwas zustande bringen.

***

Wer rastet, der rostet.

***

Wer schief auflädt, hat böse fahren.

***

Wer schläft, der sündigt nicht.

***

Wer schon hat, der will nicht mehr.

***

Wer schön sein will, muss leiden.

***

Wer seine Finger in alle Löcher steckt,
der zieht sie oft übel heraus.

***

Wer selber verzagt im Bitten, macht
den andern beherzter im Abschlagen.

***

Wer sich im Alter wärmen will, muss
sich in der Jugend einen Ofen bauen.

***

Wer über sich haut,
dem fallen die Späne in die Augen.

***

Wer viel fragt,
der viel irrt.

***

Wer viel fragt, gibt nicht gern.

***

Wer wagt, gewinnt.

***

Wer weiter will als sein Pferd,
der sitze ab und gehe zu Fuß.

***

Wer Wind sät wird Sturm ernten.

***

Wer Wurst, Brot und Schinken hat,
der wird noch alle Tage satt.

***

Wer zu spät kommt,
den bestraft das Leben.

Wer zuerst kommt, mahlt zuerst.

***

Wer zuletzt lacht,
lacht am besten.

***

Wer zum Himmel emporspuckt,
bespuckt sich selbst.

***

Wess' Brot ich ess',
dess' Lied ich sing'.

***

Wie der Herr, so's G'scherr.

***

Wie der Vater, so der Sohn.

Wie du mir, so ich dir.

***

Wie gewonnen, so zerronnen.

***

Wie man aussieht,
so wird man angesehen.

***

Wie man in den Wald ruft,
so schallt es heraus.

***

Wie man sich bettet, so liegt man.

***

Wie's die Alten sungen, so
zwitschern's auch die Jungen.

Willst du was gelten,
dann mach dich selten!

***

Wo Bacchus das Feuer schürt,
sitzt Frau Venus am Ofen.

***

Wo das Auge nicht sehen will,
helfen weder Licht noch Brill'.

***

Wo Du nicht bist, Herr Jesu Christ,
da schweigen alle Flöten!

***

Wo Dünkel über den Augen liegt,
da kann kein Licht hinein.

***

Wo ein Adler nicht fort kann,
findet eine Fliege noch zehn Wege.

***

Wo ein Wille ist, ist auch ein Weg.

***

Wo gehobelt wird,
da fallen Späne.

***

Wo kein Kläger, da kein Richter.

***

Wo man singt, da lass dich nieder,
böse Menschen haben keine Lieder.

***

Wo Rauch ist, da ist auch Feuer.

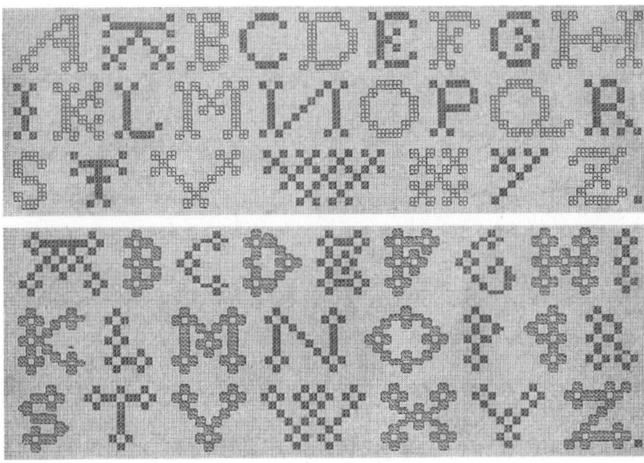

Wo viel Licht ist,
ist auch viel Schatten.

***

Worte können tödliche Waffen sein.

***

Worten sollten Taten folgen.

***

Zehnmal versagen
ist besser als einmal lügen.

***

Zu Tode gefürchtet ist auch gestorben.

***

Zu viele Köche
verderben den Brei.

Zuerst der Herr, dann das G'scherr.

***

Zusammen ist man stark.

***

Zwei Regeln für Erfolg im Leben:
erzähle nicht alles.

***

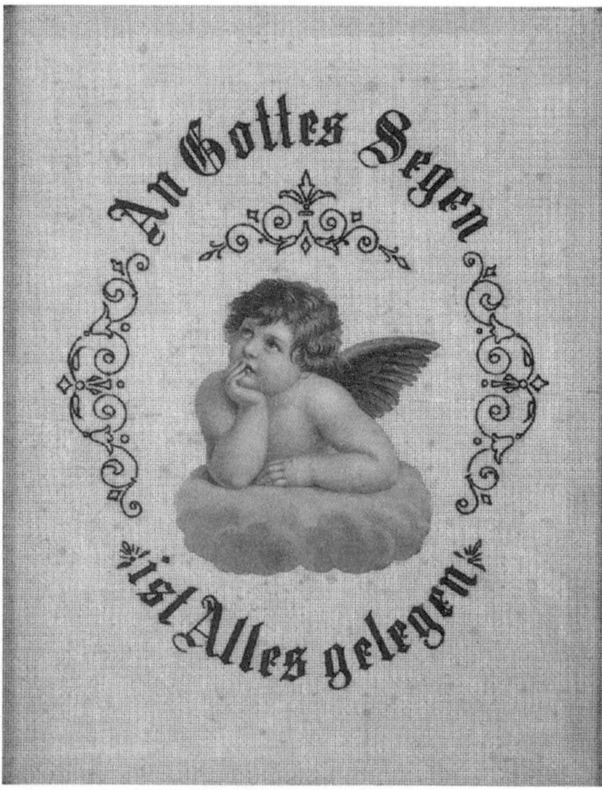
An Gottes Segen
ist Alles gelegen